山西珍贵文物档案

8

山西省考古研究所青铜器卷

山西省文物局 编

科学出版社
北京

图书在版编目（CIP）数据

山西珍贵文物档案. 8 / 山西省文物局编. -- 北京 : 科学出版社，2019.9
ISBN 978-7-03-062131-3

Ⅰ. ①山… Ⅱ. ①山… Ⅲ. ①文物–介绍–山西 Ⅳ. ①K872.25

中国版本图书馆CIP数据核字（2019）第180233号

责任编辑：张亚娜 樊 鑫／责任校对：邹慧卿
责任印制：肖 兴／书籍设计：李猛工作室

科学出版社 出版
北京东黄城根北街16号
邮政编码：100717
http://www.sciencep.com

北京华联印刷有限公司 印刷
科学出版社发行 各地新华书店经销

*

2019年9月第 一 版 开本：889×1194 1/16
2019年9月第一次印刷 印张：16
字数：130 000

定价：300.00元

（如有印装质量问题，我社负责调换）

《山西珍贵文物档案》编辑委员会

凡 例

1.《山西珍贵文物档案》(以下简称《档案》)是山西省境内国家机关、事业单位、国有企业及国有控股企业收藏的珍贵文物档案。内容包括收藏文物目录、文物基础信息及文物图片。

2.《档案》中的文物原则上是以历次经国家文物局、省文物局组织专家认定的珍贵文物，包含已在第一次全国可移动文物普查平台上备案的珍贵文物或在普查后新定级的珍贵文物。信息表中的“级”即为所认定珍贵文物的级别。

3. 珍贵文物分类原则上按照国家文物局馆藏分类标准来分类，信息表中以“类”表示。

4. 文物的基础信息包括文物名称，国家普查平台登录号，收藏单位，收藏单位原始编号（或辅助账号、发掘号），级别，分类，尺寸，年代，来源，入藏时间等10项内容。

5. 文物名称原则是依据第一次全国可移动文物普查定名标准定名，但部分文物的定名保留原始账号的名称。

6. 文物单位编号分收藏单位原始编号和国家普查平台登录号，表中“原”为收藏单位原始档案编号，“No”是国家可移动文物普查平台登录号。需要说明的是，新增一级文物无国家可移动文物普查平台登录号。

7. 年代采用中国史学界公认的纪年，古人类和古脊椎动物化石地点使用地质年代，史前文物使用考古学年代、历史文物使用王朝年代，纪年确切的用公元纪年表示，个别判定不清年代的文物用“年代不详”表示。信息中的“代”是指文物本体的年代，各类文物年代按时代早晚顺序排列。

8. 信息表中的“源”是指现收藏单位获得文物的来源，“入”是指馆藏文物单位登记入库的时间。

9. 文物本体尺寸，依照第一次全国可移动文物普查的标准测量，信息表中的“cm”是指文物本体尺寸，以厘米计量。

《山西珍贵文物档案》编辑委员会

前 言

人类对文物艺术品的收藏由来已久，从私人收藏、欣赏、研究，发展到创办博物馆向公众开放，走过了悠悠数千年的漫长道路。文物藏品是博物馆工作的物质基础，妥善保护和管理博物馆藏品，并在此基础上拓展其用途，使之更好地为公众和社会发展服务，这应当是博物馆以及其他文物收藏单位藏品管理工作的出发点和落脚点。

博物馆藏品管理是伴随着博物馆的出现而“与生俱来”的，世界各国大都经历了对藏品认识的不断深化，不断走向规范化、制度化和科学化的发展过程。中国的博物馆事业与西方国家相比起步较晚，直到21世纪才步入了快速发展的新时期。1982年颁布的《中华人民共和国文物保护法》规定：“历史上各时代重要实物、艺术品、文献、手稿、图书资料、代表性实物等可移动文物，分为珍贵文物和一般文物；珍贵文物分为一级文物、二级文物、三级文物”；“博物馆、图书馆和其他文物收藏单位对收藏的文物，必须区分文物等级，设置藏品档案，建立严格的管理制度，并报主管的文物行政部门备案”。同时，对馆藏文物的调拨、举办展览、科学研究、借用、交换、处置、销售、拍卖、出境和馆藏文物的复制、拍摄、拓印也做出了具体规定；1986年文化部印发《博物馆藏品管理办法》，进一步规定“博物馆对藏品负有科学管理、科学保护、整理研究、公开展出和提供使用（对社会主要是提供展品资料、研究成果）的责任”，要求保管工作必须做到“制度健全、账目清楚、鉴定确切、编目详明、保管妥善、查用方便”。国家法律和规章的出台，使可移动文物的保护管理逐步纳入法制化轨道。

2012年2月，《国家“十二五”文化改革发展规划纲要》明确提出“健全文物普查、登记、建档、认定制度，开展可移动文物普查，编制国家珍贵文物名录”。2012年10月，国务院印发《关于开展第一次全国可移动文物普查的通知》。2013年3月，国家普查领导小组办公室向全国印发了《第一次全国可移动文物普查实施方案》。在国家文物局的具体组织下，各级国家机关、事业单位、国有企业及国有控股企业、人民解放军及武警部队按照统一部署，展开了为时5年的国有文物普查工作，共调查102万个国有单位，普查可移动文物计10815万件/套，其中按照普查统一标准登录文物完整信息的有2661万件/套（实际数量6407万件）。这次普查工作，摸清了我国可移动文物资源的总体情况，新发现一批重要文物，建立起国家文物身份证制度，建设了全国文物资源数据库，为健全国家文物资源管理机制，夯实文物基础工作，全面提升文物保护管理水平奠定了坚实基础。

山西是全国文物大省之一，1919 年设立了山西教育图书博物馆，是创建博物馆较早的省份。新中国成立以后，特别是改革开放和 21 世纪以来，全省博物馆事业得到了快速发展，大量新出土文物、社会征集文物入藏各级国有博物馆和其他文物收藏单位，越来越多的现代化博物馆逐步建成，为馆藏文物的保护、研究、展示、文化传播提供了前所未有的条件和基础。但不容忽视的是，也有许多文物收藏单位，因专业力量薄弱、保藏条件有限，藏品管理存在管理理念落后，管理职责不明，制度规范落实不到位，藏品记录不完备，文物分级管理底数不清，档案缺失等诸多问题，给馆藏文物的依法管理、文物藏品的展示利用、文物安全和责任追究带来很多困难和问题。就山西而言，在“一普”之前，珍贵文物的底数始终不清晰，有记载的鉴定定级工作大致如下：

20 世纪 80 年代以前，全省博物馆数量较少，除几个省市级博物馆自行做过一些鉴定定级工作外，没有开展过全省范围的鉴定定级工作。1987 ~ 1989 年，省文物局组织开展了一次全省文物系统馆藏文物的鉴定定级工作，对全省文物收藏单位进行文物建档起到了积极的推动作用，遗憾的是，鉴定结束后未形成文件下发收藏单位。1997 ~ 1998 年，国家文物局组织文物鉴定委员会专家对我省的鉴定定级成果进行了一次系统梳理和专业确认，奠定了我省珍贵文物定级的基础和范例。2001 ~ 2006 年，我省承担财政部、国家文物局馆藏文物数字化和数据库建设试点任务，对录入数据库的 120 万件文物进行了核查，补充了部分珍贵文物信息资料，编印了《山西馆藏一级文物》图录，上报国家文物局备案。

2012 ~ 2016 年开展的第一次全国可移动文物普查，是山西全省范围内开展的规模最大、时间最久、效果最好的可移动文物管理的基础性工作。41316 家在晋国家机关、事业单位、国有企业及国有控股企业都纳入了此次普查范围。核定文物收藏单位 413 家，认定并登录文物数据 653100 多条（件/套），实际文物 320 多万件，其中珍贵文物近 6 万件。

珍贵文物是所有文物藏品中的重中之重。在普查后期开展的数据核查过程中，我们清楚地认识到，我省现有珍贵文物在鉴定定级记录、收藏档案记录、账实是否相符、信息是否完备等方面还存在一些问题，我们有责任按照《中华人民共和国文物保护法》的要求，继续对珍贵文物的收藏情况、鉴定定级情况、信息记录资料、收藏流转情况等做出进一步核对和完善，并及时将文物档案的主要信息公之于众，以提升公共文化服务的能力和水平。

文物承载灿烂文明，传承历史文化，维系民族精神，是老祖宗留给我们的宝贵遗产，是加强社会主义精神文明建设的深厚滋养。保护好、管理好、利用好、传承好历史文物，是新时代社会主义文博工作的重大使命。为了实现这一目标，我省经过认真分析研究，决定在加强管理的基础上，按照现行管理体制，由省级到市县，从一级文物入手，然后二级、三级，逐步整理、编辑出版《山西珍贵文物档案》（以下简称《档案》），同时利用编印《档案》的任务压力，反过来助推藏品日常管理的精细化和藏品档案的建立健全。我们希望这套《档案》能成为全省文物单位依法保护、管理、利用珍贵文物的工具书，同时也能有利于文物信息的社会共享，起到公共文化服务的积极作用。

编辑出版文物档案，没有先例可循，我们只是因着粗浅的认识和责任担当意识抛砖引玉，为全国同行探路试水，因此缺点和错误定所难免。真诚希望国家文物局和专家学者批评指正，使我们在今后的工作中不断改进。

目 录

商“邑”蝉纹鼎

- No 14010621800017000022557
- 藏 山西省考古研究所
- 原 SKT42 旌介 M1：34
- 级 一级
- 类 铜器
- 代 商
- cm 通高 22，口径 18.1
- 源 1985 年山西省灵石县旌介商墓出土
- 入 1985 年

商 兽面纹簋

No 14010621800017000227 91

藏 山西省考古研究所

原 SKT38 旌介 M1：35

级 一级

类 铜器

代 商

cm 高18，口径25.5，腹径18.5，足径16

源 1985 年山西省灵石县旌介商墓出土

入 1985 年

商 兽面纹菌状双柱爵

No 1401062180001700022663

藏 山西省考古研究所

原 SKT19 旌介 M3

级 一级

类 铜器

代 商

cm 通高 20，通长 17，口宽 9.1

源 1976 年山西省灵石县旌介商墓出土

入 1976 年

商“亚羌”兽面纹爵

- No 1401062180001700022787
- 藏 山西省考古研究所
- 原 SKT23 旌介 M1：11
- 级 一级
- 类 铜器
- 代 商
- cm 通高 20.8，通长 18.2，口宽 9.5
- 源 1985 年山西省灵石县旌介商墓出土
- 入 1985 年

商“亚羌”兽面纹爵

No 1401062180001700022608
藏 山西省考古研究所
原 SKT30 旌介 M1：13
级 一级
类 铜器
代 商
cm 通高 21，通长 18，口宽 9.5
源 1985 年山西省灵石县旌介商墓出土
入 1985 年

商 三角云纹斝

No 140106218000170002266

藏 山西省考古研究所

原 SKT39 旌介 M1：27

级 一级

类 铜器

代 商

cm 高 26.7，口径 18.8

源 1985 年山西省灵石县旌介商墓出土

入 1985 年

商“卷父己”蕉叶纹尊

No 14010621800017000022705

藏 山西省考古研究所

原 SKT37 旌介 M1：34

级 一级

类 铜器

代 商

cm 高 33.9，口径 22.4，腹径 9.9，圈足径 9.2

源 1985 年山西省灵石县旌介商墓出土

入 1985 年

商“丙”菱形雷纹提梁卣

No 14010621800017000022152

藏 山西省考古研究所

原 SKT35 旌介 M1：33

级 一级

类 铜器

代 商

cm 通高 30，口径 11.8~14.8，腹径 17.7~22.3，圈足径 15.2~18.5

源 1985 年山西省灵石县旌介商墓出土

入 1985 年

商“丙”菱形雷纹提梁卣

No 14010621800017000 22581

藏 山西省考古研究所

原 SKT36 旌介 M1：17

级 一级

类 铜器

代 商

cm 通高 20.5，口径 8~10.2，腹径 11.5~16，圈足径 9.3~12.7

源 1985 年山西省灵石县旌介商墓出土

入 1985 年

商 兽首双环罍

No 14010621800017000227 75

藏 山西省考古研究所

原 SKT41 旌介 M1：32

级 一级

类 铜器

代 商

cm 高 43.3，口径 19.2，耳距 41，圈足直径 20.4

源 1985 年山西省灵石县旌介商墓出土

入 1985 年

商 兽面纹觚

- No 1401062180001700022722
- 藏 山西省考古研究所
- 原 SKT11 旌介 M1：9
- 级 一级
- 类 铜器
- 代 商
- cm 高 30.7，口径 17，底径 9.8
- 源 1985 年山西省灵石县旌介商墓出土
- 入 1985 年

商 兽面纹觚

No 14010621800017000022763

藏 山西省考古研究所

原 SKT12 旌介 M1：14

级 一级

类 铜器

代 商

cm 高 31.7，口径 17.5，底径 9.4

源 1985 年山西省灵石县旌介商墓出土

入 1985 年

商 兽面纹觚

No 1401062180001700022523
藏 山西省考古研究所
原 SKT13 旌介 M1：16
级 一级
类 铜器
代 商
cm 高 30.5，口径 17，底径 9.8
源 1985 年山西省灵石县旌介商墓出土
入 1985 年

商 兽面纹觚

No 1401062180001700022190
藏 山西省考古研究所
原 SKT14 旌介 M1：20
级 一级
类 铜器
代 商
cm 高 31.6，口径 17.4，底径 9.6
源 1985 年山西省灵石县旌介商墓出土
入 1985 年

商“丙”凤鸟纹觯

No 14010621800017000225 29

藏 山西省考古研究所

原 SKT40 旌介 M1：19

级 一级

类 铜器

代 商

cm 通高 19.9，口径 7.8~9.4，腹径 8.4~10.6，圈足径 6.8~9.1

源 1985 年山西省灵石县旌介商墓出土

入 1985 年

商 臣字形目纹戈

No 14010621800017000022770

藏 山西省考古研究所

原 SKT26 旌介 M2：9

级 一级

类 铜器

代 商

cm 长 24.2，宽 12.7

源 1985 年山西省灵石县旌介商墓出土

入 1985 年

商 臣字形目纹戈

No 14010621800017000227 17

藏 山西省考古研究所

原 SKT27 旌介 M2 : 49

级 一级

类 铜器

代 商

cm 长 24.5，宽 22.4

源 1985 年山西省灵石县旌介商墓出土

入 1985 年

商 兽面纹矛

No 1401062180001700022199
藏 山西省考古研究所
原 SKT29 旌介 M2：23
级 一级
类 铜器
代 商
cm 长 26.4，宽 7
源 1985 年山西省灵石县旌介商墓出土
入 1985 年

西周 兽面纹足复鼎

- No 14010621800017000250 42
- 藏 山西省考古研究所
- 原 skqc0058 侯马曲村 M9：384
- 级 一级
- 类 铜器
- 代 西周
- cm 通长 20，通宽 12，通高 30
- 源 1993 年山西省曲沃县北赵晋侯墓地出土
- 入 1993 年

西周 素面附耳方鼎

No 140106218000170002492‍9
藏 山西省考古研究所
原 skqc0059 侯马曲村 M9：8
级 一级
类 铜器
代 西周
cm 通高 29，腹长 38，腹宽 23
源 1993 年山西省曲沃县北赵晋侯墓地出土
入 1993 年

西周 鸟纹鼎

No 14010621800017000249200

藏 山西省考古研究所

原 skqc0067 侯马曲村 M13：121

级 一级

类 铜器

代 西周

cm 通高 17，口径 14

源 1993 年山西省曲沃县北赵晋侯墓地出土

入 1993 年

西周 兽面纹双耳鼎

No 1401062180001700025058
藏 山西省考古研究所
原 skqc0081 侯马曲村 M110：6
级 一级
类 铜器
代 西周
cm 通高 21，口径 17
源 2001 年山西省曲沃县北赵晋侯墓地出土
入 2001 年

西周 窃曲纹鼎

No 14010621800017000249 47

藏 山西省考古研究所

原 skqc0184 侯马曲村 M134：9

级 一级

类 铜器

代 西周

cm 通高 22，腹径 22

源 2002 年山西省曲沃县北赵晋侯墓地出土

入 2002 年

西周“南宫姬”鼎

No

藏 山西省考古研究所

原 曲村邦墓 M6081：88

级 一级

类 铜器

代 西周

cm 通高 16.4，口径 14.4

源 1985 年山西省曲沃县曲村 – 天马遗址出土

入 1985 年

西周“南宫姬”鼎

No

藏 山西省考古研究所

原 曲村邦墓 M6081：89

级 一级

类 铜器

代 西周

cm 通高 16.4，口径 14.4

源 1985 年山西省曲沃县曲村－天马遗址出土

入 1985 年

西周 龙纹深腹鼎

- No 1401062180001700017648
- 藏 山西省考古研究所
- 原 skh7276 横水墓地 M2508：5
- 级 一级
- 类 铜器
- 代 西周
- cm 通高 22.3，腹径 21.1
- 源 2007 年山西省绛县横水墓地出土
- 入 2007 年

西周 兽面纹鼓腹鼎

No 1401062180001700011052
藏 山西省考古研究所
原 skh4223 大河口墓地 M1：4
级 一级
类 铜器
代 西周
cm 通高 41.8，腹径 33.8
源 2008 年山西省翼城县大河口墓地出土
入 2008 年

西周 兽面纹兽蹄形足鼎

- No 14010621800017000109998
- 藏 山西省考古研究所
- 原 skh4224 大河口墓地 M1：5
- 级 一级
- 类 铜器
- 代 西周
- cm 通高 54.5，腹径 42
- 源 2008 年山西省翼城县大河口墓地出土
- 入 2008 年

西周 凸弦纹带盖方鼎

- No 1401062180001700010973
- 藏 山西省考古研究所
- 原 skh4231 大河口墓地 M1：14
- 级 一级
- 类 铜器
- 代 西周
- cm 通高 26.9，腹长 22.9，腹宽 16.6
- 源 2008 年山西省翼城县大河口墓地出土
- 入 2008 年

西周 兽面纹垂腹鼎

No 14010621800017000010986
藏 山西省考古研究所
原 skh4235 大河口墓地 M1：18
级 一级
类 铜器
代 西周
cm 通高 26.5，腹径 21
源 2008 年山西省翼城县大河口墓地出土
入 2008 年

西周 兽面纹夔凤形扁足鼎

No 1401062180001700011001
藏 山西省考古研究所
原 skh4243 大河口墓地 M1：62
级 一级
类 铜器
代 西周
cm 通高 20.9，腹径 14.1
源 2008 年山西省翼城县大河口墓地出土
入 2008 年

西周　凸弦纹夔凤形扁足温鼎

No 14010621800017000114449

藏 山西省考古研究所

原 skh4267 大河口墓地 M1：144

级 一级

类 铜器

代 西周

cm 通高 14.3，最宽 11.5

源 2008 年山西省翼城县大河口墓地出土

入 2008 年

西周 乳钉纹方鼎

No 1401062180001700011547
藏 山西省考古研究所
原 skh4299 大河口墓地 M1017 : 2
级 一级
类 铜器
代 西周
cm 通高 19.6，腹长 16.8，腹宽 12
源 2010 年山西省翼城县大河口墓地出土
入 2010 年

西周 兽面纹圆角方鼎

No 1401062180001700011592
藏 山西省考古研究所
原 skh4301 大河口墓地 M1017：10
级 一级
类 铜器
代 西周
cm 通高 20.3，腹长 16.7，腹宽 13.7
源 2010 年山西省翼城县大河口墓地出土
入 2010 年

西周 兽面纹圆角方鼎

No 14010621800017000111667
藏 山西省考古研究所
原 skh4302 大河口墓地 M1017：23
级 一级
类 铜器
代 西周
cm 通高 20.5，腹长 16.9，腹宽 13.7
源 2010 年山西省翼城县大河口墓地出土
入 2010 年

西周 乳钉纹方鼎

No 1401062180001700011490
藏 山西省考古研究所
原 skh4303 大河口墓地 M1017：24
级 一级
类 铜器
代 西周
cm 通高 19.2，腹长 17.2，腹宽 12.2
源 2010 年山西省翼城县大河口墓地出土
入 2010 年

西周 夔龙纹深腹鼎

- No 14010621800017000111187
- 藏 山西省考古研究所
- 原 skh4327 大河口墓地 M4052：149
- 级 一级
- 类 铜器
- 代 西周
- cm 通高 21.2，口径 22.4
- 源 2010 年山西省翼城县大河口墓地出土
- 入 2010 年

西周 回首龙纹垂腹鼎

No 14010621800017000011530

藏 山西省考古研究所

原 skh4338 大河口墓地 M6065：4

级 一级

类 铜器

代 西周

cm 通高 16.5，腹径 16

源 2010 年山西省翼城县大河口墓地出土

入 2010 年

西周 兽面纹双耳簋

No 1401062180001700025035
藏 山西省考古研究所
原 skqc0092 侯马曲村 M112∶18
级 一级
类 铜器
代 西周
cm 高 14，耳距 26
源 2001 年山西省曲沃县北赵晋侯墓地出土
入 2001 年

西周 窃曲纹兽耳簋

- No 14010621800017000024922
- 藏 山西省考古研究所
- 原 skqc0096 侯马曲村 M138：14
- 级 一级
- 类 铜器
- 代 西周
- cm 高 14，耳距 27，口径 21
- 源 2002 年山西省曲沃县北赵晋侯墓地出土
- 入 2002 年

西周 双螭耳饕餮纹簋

No

藏 山西省考古研究所

原 skh10605 曲村邦墓 M6231：22

级 一级

类 铜器

代 西周

cm 高 15.2，口径 21.4

源 1985 年山西省曲沃县曲村－天马遗址出土

入 1985 年

西周 兽面纹簋

No

藏 山西省考古研究所

原 曲村邦墓 M6069：4

级 一级

类 铜器

代 西周

cm 高 15.9，口径 21.6

源 1985 年山西省曲沃县曲村－天马遗址出土

入 1985 年

西周 乳钉纹圈足簋

No

藏 山西省考古研究所

原 曲村邦墓 M6131：27

级 一级

类 铜器

代 西周

cm 通高 20.4，口径 19.6

源 1984 年山西省曲沃县曲村－天马遗址出土

入 1984 年

西周 涡纹双耳簋

No

藏 山西省考古研究所

原 曲村邦墓 M7161：8

级 一级

类 铜器

代 西周

cm 高 17.7，口径 21.3

源 1984 年山西省曲沃县曲村 – 天马遗址出土

入 1984 年

西周 涡纹圈足簋

No 1401062180001700017429
藏 山西省考古研究所
原 skh7247 横水墓地 M2129：16
级 一级
类 铜器
代 西周
cm 高 15.6，耳距 30.5
源 2006 年山西省绛县横水墓地出土
入 2006 年

西周 兽面纹高圈足簋

No 1401062180001700017661

藏 山西省考古研究所

原 skh7274 横水墓地 M2363：2

级 一级

类 铜器

代 西周

cm 高 17，耳距 29.9

源 2007 年山西省绛县横水墓地出土

入 2007 年

西周 窃曲纹垂腹带盖簋

No

藏 山西省考古研究所

原 横水墓地 M1006：66

级 一级

类 铜器

代 西周

cm 通高 22，口径 16.8

源 2006 年山西省绛县横水墓地出土

入 2006 年

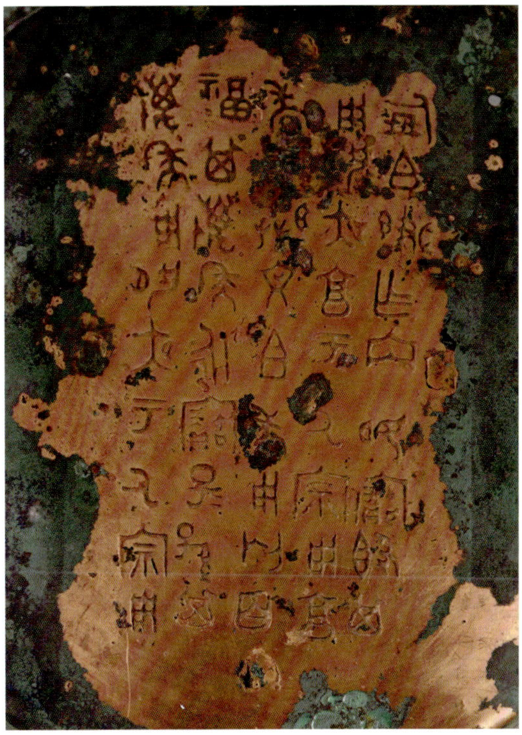

西周 窃曲纹四足簋

No

藏 山西省考古研究所

原 横水墓地 M1011：121

级 一级

类 铜器

代 西周

cm 通高 18.9，口径 18

源 2006 年山西省绛县横水墓地出土

入 2006 年

西周 窃曲纹四足簋

No

藏 山西省考古研究所

原 横水墓地 M1011：49-1

级 一级

类 铜器

代 西周

cm 通高 18.7，口径 18

源 2006 年山西省绛县横水墓地出土

入 2006 年

西周 兽面纹簋

No

藏 山西省考古研究所

原 横水墓地 M2047：15

级 一级

类 铜器

代 西周

cm 通高 21，口径 18.6

源 2006 年山西省绛县横水墓地出土

入 2006 年

西周 乳钉纹簋

No

藏 山西省考古研究所

原 横水墓地 M2049：1

级 一级

类 铜器

代 西周

cm 高 15，口径 22.2

源 2006 年山西省绛县横水墓地出土

入 2006 年

西周 凤鸟纹方座簋

No

藏 山西省考古研究所

原 横水墓地 M2165：49

级 一级

类 铜器

代 西周

cm 通高 35，口径 22.3；方座长 21.1，宽 20，高 12

源 2006 年山西省绛县横水墓地出土

入 2006 年

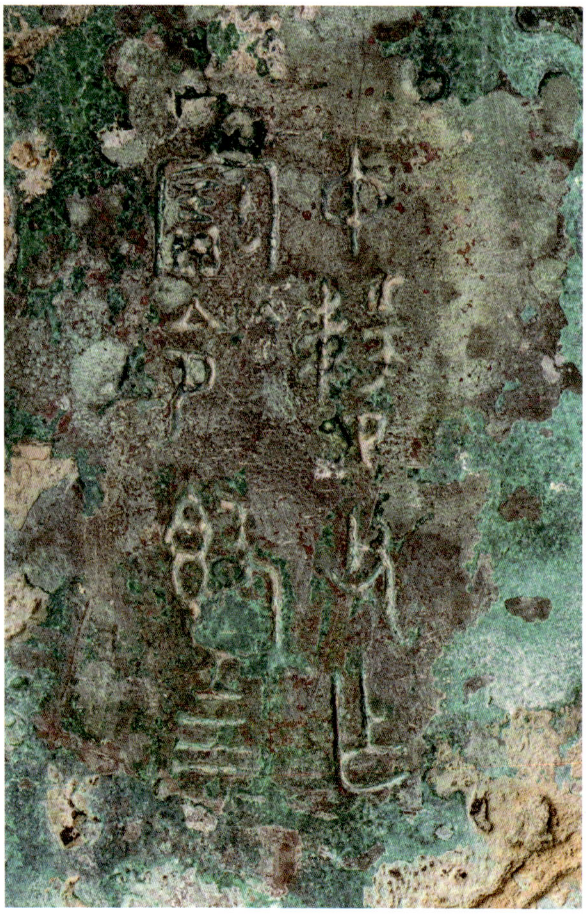

西周 涡纹兽形耳簋

No 14010621800017000010969
藏 山西省考古研究所
原 skh4228 大河口墓地 M1：9
级 一级
类 铜器
代 西周
cm 高 18.4，耳距 35.6
源 2008 年山西省翼城县大河口墓地出土
入 2008 年

西周 乳钉纹方座簋

No 1401062180001700010972

藏 山西省考古研究所

原 skh4254 大河口墓地 M1：86

级 一级

类 铜器

代 西周

cm 高 21.2，耳距 26.2

源 2008 年山西省翼城县大河口墓地出土

入 2008 年

西周 蜗体夔纹高圈足簋

No 14010621800017000010988

藏 山西省考古研究所

原 skh4256 大河口墓地 M1：89

级 一级

类 铜器

代 西周

cm 通高 15，耳距 25.8

源 2008 年山西省翼城县大河口墓地出土

入 2008 年

西周 凸弦纹三柱足带盖簋

- No 14010621800017000109 67
- 藏 山西省考古研究所
- 原 skh4259 大河口墓地 M1：93
- 级 一级
- 类 铜器
- 代 西周
- cm 通高 22.6，耳距 24.2
- 源 2008 年山西省翼城县大河口墓地出土
- 入 2008 年

西周 蜗体夔纹高圈足簋

No 140106218000170001O983
藏 山西省考古研究所
原 skh4262 大河口墓地 M1：99
级 一级
类 铜器
代 西周
cm 通高 14.7，耳距 25.8
源 2008 年山西省翼城县大河口墓地出土
入 2008 年

西周“恒父作宝彝”兽首簋

No 1401062180001700022707
藏 山西省考古研究所
原 SKT87 永凝堡 M14：10
级 一级
类 铜器
代 西周
cm 通高 13.5，口径 18，耳距 25.5
源 1980 年山西省洪洞县永凝堡遗址出土
入 1980 年

西周 直口矮颈鼓腹附耳鬲

No

藏 山西省考古研究所

原 横水墓地 M2055：4

级 一级

类 铜器

代 西周

cm 通高 18，口径 19.5

源 2006 年山西省绛县横水墓地出土

入 2006 年

西周 兽面纹立耳鬲

No 14010621800017000010997

藏 山西省考古研究所

原 skh4230 大河口墓地 M1：11

级 一级

类 铜器

代 西周

cm 通高 17.3，口径 13.7

源 2008 年山西省翼城县大河口墓地出土

入 2008 年

西周 兽面纹立耳鬲

No 1401062180001700010985

藏 山西省考古研究所

原 skh4252 大河口墓地 M1：76

级 一级

类 铜器

代 西周

cm 通高 17.5，口径 14.3

源 2008 年山西省翼城县大河口墓地出土

入 2008 年

西周 三角云纹立耳鬲

No 14010621800017000010991

藏 山西省考古研究所

原 skh4257 大河口墓地 M1：91

级 一级

类 铜器

代 西周

cm 通高 13.1，口径 9.7

源 2008 年山西省翼城县大河口墓地出土

入 2008 年

西周 兽面纹立耳鬲

No 1401062180001700010968
藏 山西省考古研究所
原 skh4258 大河口墓地 M1：92
级 一级
类 铜器
代 西周
cm 通高 17.1，口径 14.5
源 2008 年山西省翼城县大河口墓地出土
入 2008 年

西周 兽面纹双耳甗

- No 1401062180001700024987
- 藏 山西省考古研究所
- 原 skqc0050 侯马曲村 M13：45
- 级 一级
- 类 铜器
- 代 西周
- cm 通高 35，口径 28
- 源 1993 年山西省曲沃县北赵晋侯墓地出土
- 入 1993 年

西周“父丁”甗

No

藏 山西省考古研究所

原 曲村邦墓 M6384 : 6

级 一级

类 铜器

代 西周

cm 通高 41，口径 25.6

源 1982 年山西省曲沃县曲村－天马遗址出土

入 1982 年

西周 兽面纹甗

No

藏 山西省考古研究所

原 曲村邦墓 M6069：2

级 一级

类 铜器

代 西周

cm 通高 39.6，口径 23.8

源 1982 年山西省曲沃县曲村－天马遗址出土

入 1982 年

西周 兽面纹连体甗

No 14010621800017000010965
藏 山西省考古研究所
原 skh4242 大河口墓地 M1：60
级 一级
类 铜器
代 西周
cm 通高 35，耳距 22.3，口径 22.3
源 2008 年山西省翼城县大河口墓地出土
入 2008 年

西周 兽面纹连体甗

No 1401062180001700017670

藏 山西省考古研究所

原 skh7173 横水墓地 M1005：5

级 一级

类 铜器

代 西周

cm 通高 43，口径 27.6

源 2004 年山西省绛县横水墓地出土

入 2004 年

西周 兽面纹甗

No

藏 山西省考古研究所

原 横水墓地 M1006：60

级 一级

类 铜器

代 西周

cm 通高 40，耳距 33

源 2006 年山西省绛县横水墓地出土

入 2006 年

西周 立耳兽足甗

No 14010621800017000226654

藏 山西省考古研究所

原 SKT2559 永凝堡

级 一级

类 铜器

代 西周

cm 通高 37.2，耳距 23.9，口径 23.2

源 1983 年山西省洪洞县永凝堡遗址采集

入 1983 年

西周 兽面纹带盖盨

No 14010621800017000024941

藏 山西省考古研究所

原 skqc0115 侯马曲村 M92：2

级 一级

类 铜器

代 西周

cm 通高 19，宽 15，耳距 32

源 1994 年山西省曲沃县北赵晋侯墓地出土

入 1994 年

西周 兽面纹带盖盨

No 14010621800017000250 32

藏 山西省考古研究所

原 skqc0115 侯马曲村 M92：10

级 一级

类 铜器

代 西周

cm 通高 18，宽 16，耳距 30

源 1994 年山西省曲沃县北赵晋侯墓地出土

入 1994 年

西周 镂空盘豆

- No 14010621800017000025040
- 藏 山西省考古研究所
- 原 skqc0106 侯马曲村 M91：49
- 级 一级
- 类 铜器
- 代 西周
- cm 高 19，口径 32
- 源 1994 年山西省曲沃县北赵晋侯墓地出土
- 入 1994 年

西周“霸伯”豆

No

藏 山西省考古研究所

原 大河口墓地 M1017：14

级 一级

类 铜器

代 西周

cm 高 21.5，口径 17，圈足径 15.5

源 2010 年山西省翼城县大河口墓地出土

入 2010 年

西周 兽面纹爵

No

藏 山西省考古研究所

原 横水墓地 M1006 : 53

级 一级

类 铜器

代 西周

cm 通高 23.8，通长 19.7，口宽 9.5

源 2005 年山西省绛县横水墓地出土

入 2005 年

西周 兽面纹爵

No

藏 山西省考古研究所

原 横水墓地 M1006：54

级 一级

类 铜器

代 西周

cm 通高 23.9，通长 19.5，口宽 9.5

源 2005 年山西省绛县横水墓地出土

入 2005 年

西周 兽面纹筒状腹爵

No 1401062180001700011261
藏 山西省考古研究所
原 skh4273 大河口墓地 M1：256
级 一级
类 铜器
代 西周
cm 通高 21，通长 19，口宽 10.1
源 2008 年山西省翼城县大河口墓地出土
入 2008 年

西周 兽面纹筒状腹爵

No 14010621800017000011500

藏 山西省考古研究所

原 skh4278 大河口墓地 M1：263

级 一级

类 铜器

代 西周

cm 通高 19.1，通长 16.3，口宽 9.5

源 2008 年山西省翼城县大河口墓地出土

入 2008 年

西周 兔尊

No

藏 山西省考古研究所

原 晋侯墓地 M8：22

级 一级

类 铜器

代 西周

cm 通长 35.8，通高 20.1

源 1993 年山西省曲沃县北赵晋侯墓地出土

入 1993 年

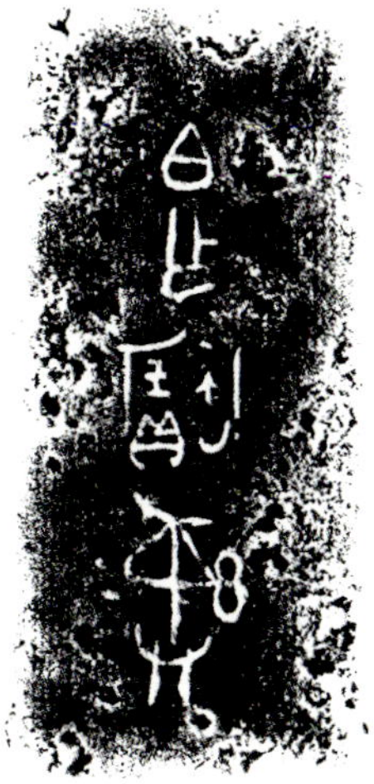

西周 回首凤鸟纹垂腹尊

No 1401062180001700017643

藏 山西省考古研究所

原 skh7256 横水墓地 M2158：115

级 一级

类 铜器

代 西周

cm 高 17.1，口径 16.7

源 2006 年山西省绛县横水墓地出土

入 2006 年

西周 凤鸟纹尊

No

藏 山西省考古研究所

原 横水墓地 M1011：54

级 一级

类 铜器

代 西周

cm 高 23，口径 22

源 2006 年山西省绛县横水墓地出土

入 2006 年

西周　兽面纹方尊

No

藏 山西省考古研究所

原 横水墓地 M1006：121

级 一级

类 铜器

代 西周

cm 高 27.5，口径 27

源 2006 年山西省绛县横水墓地出土

入 2006 年

西周 貘尊

No

藏 山西省考古研究所

原 横水墓地 M2158：122

级 一级

类 铜器

代 西周

cm 通高 11，通长 18

源 2006 年山西省绛县横水墓地出土

入 2006 年

西周 貘尊

No

藏 山西省考古研究所

原 横水墓地 M2158：123

级 一级

类 铜器

代 西周

cm 通高 11，通长 18

源 2006 年山西省绛县横水墓地出土

入 2006 年

西周 凤鸟纹深腹尊

No 1401062180001700011264

藏 山西省考古研究所

原 skh4379 大河口墓地 M1017 : 4

级 一级

类 铜器

代 西周

cm 高 18，口径 17.5

源 2010 年山西省翼城县大河口墓地出土

入 2010 年

西周 凤鸟纹尊

- No
- 藏 山西省考古研究所
- 原 大河口墓地 M1017：21
- 级 一级
- 类 铜器
- 代 西周
- cm 高 25.4、口径 21.6、圈足径 17.1
- 源 2010 年山西省翼城县大河口墓地出土
- 入 2010 年

西周 兽形觥

No

藏 山西省考古研究所

原 横水墓地 M1006：107

级 一级

类 铜器

代 西周

cm 通长 30.5，通高 29

源 2006 年山西省绛县横水墓地出土

入 2006 年

西周 鸟兽纹方彝

№ 14010621800017000025027

藏 山西省考古研究所

原 skqc0179 侯马曲村 M93：51

级 一级

类 铜器

代 西周

cm 通长 20，通宽 14，通高 25

源 1994 年山西省曲沃县北赵晋侯墓地出土

入 1994 年

No
藏 山西省考古研究所
原 横水墓地 M1006：105
级 一级
类 铜器
代 西周
cm 通高 37，口长 22，口宽 15.8
源 2006 年山西省绛县横水墓地出土
入 2006 年

西周 兽面纹提梁卣

No 1401062180001700025067
藏 山西省考古研究所
原 skqc0083 侯马曲村 M110：14
级 一级
类 铜器
代 西周
cm 通高 29，腹长 16，腹宽 12
源 2001 年山西省曲沃县北赵晋侯墓地出土
入 2001 年

西周 兽面纹提梁卣

No 1401062180001700024919

藏 山西省考古研究所

原 skqc0094 侯马曲村 M112：20

级 一级

类 铜器

代 西周

cm 通高 22，耳距 21

源 2004 年山西省曲沃县北赵晋侯墓地出土

入 2004 年

西周 兽面纹带盖提梁卣

No 1401062180001700025296
藏 山西省考古研究所
原 skqc0105 侯马曲村 M91
级 一级
类 铜器
代 西周
cm 通高 30，耳距 29
源 1994 年山西省曲沃县北赵晋侯墓地出土
入 1994 年

西周 夔龙纹有盖提梁卣

No

藏 山西省考古研究所

原 skh10606 曲村邦墓 M6231：23

级 一级

类 铜器

代 西周

cm 通高21.2，口径长12.5，口径宽9.6，耳距20.7

源 1984年山西省曲沃县曲村－天马遗址出土

入 1984年

西周 夔纹提梁卣

- No
- 藏 山西省考古研究所
- 原 曲村邦墓 M6069：3
- 级 一级
- 类 铜器
- 代 西周
- cm 通高（连提梁）22.4，口径 13.6
- 源 1982 年山西省曲沃县曲村 – 天马遗址出土
- 入 1982 年

西周 回首凤鸟纹有盖提梁卣

No 1401062180001700017637
藏 山西省考古研究所
原 skh7257 横水墓地 M2158：117
级 一级
类 铜器
代 西周
cm 通高 20.1，耳距 21
源 2006 年山西省绛县横水墓地出土
入 2006 年

西周 凤鸟纹提梁卣

No

藏 山西省考古研究所

原 横水墓地 M1011：55

级 一级

类 铜器

代 西周

cm 通高 23.5，腹径 16

源 2006 年山西省绛县横水墓地出土

入 2006 年

西周 回首龙纹带盖提梁卣

- No 14010621800017000 11108
- 藏 山西省考古研究所
- 原 skh4281 大河口墓地 M1：271
- 级 一级
- 类 铜器
- 代 西周
- cm 通高 35.1，耳距 30.8
- 源 2008 年山西省翼城县大河口墓地出土
- 入 2008 年

西周 回首龙纹带盖提梁卣

- No 1401062180001700011317
- 藏 山西省考古研究所
- 原 skh4284 大河口墓地 M1：276.1
- 级 一级
- 类 铜器
- 代 西周
- cm 通高 35.1，耳距 30.8
- 源 2008 年山西省翼城县大河口墓地出土
- 入 2008 年

西周 凤鸟纹带盖提梁卣

- No 1401062180001700011234
- 藏 山西省考古研究所
- 原 skh4381 大河口墓地 M1017：16
- 级 一级
- 类 铜器
- 代 西周
- cm 通高 20.2，耳距 21.5
- 源 2010 年山西省翼城县大河口墓地出土
- 入 2010 年

西周 回首龙纹带盖提梁卣

No 14010621800017000011484

藏 山西省考古研究所

原 skh4380 大河口墓地 M1017 : 5

级 一级

类 铜器

代 西周

cm 通高 17.7，耳距 16.9

源 2010 年山西省翼城县大河口墓地出土

入 2010 年

西周 涡纹圆肩罍

No 14010621800017000114 25
藏 山西省考古研究所
原 skh4268 大河口墓地 M1：251
级 一级
类 铜器
代 西周
cm 通高 38.7，耳距 36.4
源 2008 年山西省翼城县大河口墓地出土
入 2008 年

西周 垂鳞纹罍

No

藏 山西省考古研究所

原 大河口墓地 M1017：66

级 一级

类 铜器

代 西周

cm 通高 34.5，口径 15.5，圈足长径 15.3，圈足短径 14.9

源 2010 年山西省翼城县大河口墓地出土

入 2010 年

西周 晋侯“断”壶

No

藏 山西省考古研究所

原 晋侯墓地 M8：26

级 一级

类 铜器

代 西周

cm 通高 68.8，口纵 18，口横 22.8

源 1993 年山西省曲沃县北赵晋侯墓地出土

入 1993 年

西周“中眉父”壶

No

藏 山西省考古研究所

原 skh10608 曲村邦墓 M6231：25

级 一级

类 铜器

代 西周

cm 通高 31.9，口径长 15，口径宽 12.5，耳距 21.8

源 1985 年山西省曲沃县曲村－天马遗址出土

入 1985 年

西周 云纹圆腹壶

No 1401062180001700017483
藏 山西省考古研究所
原 skh7190 横水墓地 M1011：63
级 一级
类 铜器
代 西周
cm 通高 40.6，腹径 15.8
源 2006 年山西省绛县横水墓地出土
入 2006 年

西周 凤鸟纹高圈足觯

No 1401062180001700017535
藏 山西省考古研究所
原 skh7191 横水墓地 M1011：77
级 一级
类 铜器
代 西周
cm 高 12.8，腹径 8.6
源 2006 年山西省绛县横水墓地出土
入 2006 年

西周 羽脊兽面纹有盖提梁壶

No 1401062180001700017639
藏 山西省考古研究所
原 skh7253 横水墓地 M2158：90
级 一级
类 铜器
代 西周
cm 通高 25.6，口径 7.4，圈足径 10.8
源 2006 年山西省绛县横水墓地出土
入 2006 年

西周 夔龙纹觚

No

藏 山西省考古研究所

原 横水墓地 M1006：48

级 一级

类 铜器

代 西周

cm 通高 30，口径 17

源 2006 年山西省绛县横水墓地出土

入 2006 年

西周 龙纹觯

No

藏 山西省考古研究所

原 大河口墓地 M1：252

级 一级

类 铜器

代 西周

cm 通高 19.8，口长 9.6、宽 8.7，圈足长 9.2、宽 7.7

源 2008 年山西省翼城县大河口墓地出土

入 2008 年

西周 凸弦纹有盖卣形觯

No 1401062180001700017455

藏 山西省考古研究所

原 skh7181 横水墓地 M1006：112

级 一级

类 铜器

代 西周

cm 通高 17，耳距 18.2

源 2006 年山西省绛县横水墓地出土

入 2006 年

西周 云雷纹单耳罐

No 1401062180001700011340

藏 山西省考古研究所

原 skh4290 大河口墓地 M1：276.7

级 一级

类 铜器

代 西周

cm 高 8.7，腹径 7.6

源 2008 年山西省翼城县大河口墓地出土

入 2008 年

西周 鸟纹双耳盘

No 1401062180001700024963
藏 山西省考古研究所
原 skqc0185 侯马曲村 M134
级 一级
类 铜器
代 西周
cm 通高 10，耳距 36，宽 30
源 2004 年山西省曲沃县北赵晋侯墓地出土
入 2004 年

西周 回首龙纹圈足附耳盘

No 14010621800017000176O2

藏 山西省考古研究所

原 skh7175 横水墓地 M1005：8

级 一级

类 铜器

代 西周

cm 通高 11.8，耳距 36.5

源 2006 年山西省绛县横水墓地出土

入 2006 年

西周 双虎饰匜

- No 1401062180001700024918
- 藏 山西省考古研究所
- 原 skqc0107 侯马曲村 M91：169
- 级 一级
- 类 铜器
- 代 西周
- cm 通长 51，通高 20
- 源 1994 年山西省曲沃县北赵晋侯墓地出土
- 入 1994 年

西周 夔纹带盖盉

No 14010621800017000249996

藏 山西省考古研究所

原 skqc0084 侯马曲村 M110：16

级 一级

类 铜器

代 西周

cm 通长 17，通高 23

源 2004 年山西省曲沃县北赵晋侯墓地出土

入 2004 年

西周 鸟纹带盖盉

No 1401062180001700024979

藏 山西省考古研究所

原 skqc0186 侯马曲村 M134

级 一级

类 铜器

代 西周

cm 通高 21，通长 22

源 2004 年山西省曲沃县北赵晋侯墓地出土

入 2004 年

西周“晋仲韦父”盉

No
藏 山西省考古研究所
原 曲村邦墓 M6384：15
级 一级
类 铜器
代 西周
cm 通高 25.6，口径 13.2
源 1988 年山西省曲沃县曲村－天马遗址出土
入 1988 年

西周 回首龙纹有盖盉

No 1401062180001700017606
藏 山西省考古研究所
原 skh7177 横水墓地 M1005：10
级 一级
类 铜器
代 西周
cm 通长 25.2，通高 21.9
源 2005 年山西省绛县横水墓地出土
入 2005 年

西周 三角纹鬲形有盖盉

No 14010621800017000174 91

藏 山西省考古研究所

原 skh7188 横水墓地 M1011：58

级 一级

类 铜器

代 西周

cm 通长 29.2，通高 26.7

源 2006 年山西省绛县横水墓地出土

入 2006 年

西周 回首凤鸟纹有盖盉

No 1401062180001700017593
藏 山西省考古研究所
原 skh7252 横水墓地 M2158：88
级 一级
类 铜器
代 西周
cm 通长 12，通高 20.5
源 2006 年山西省绛县横水墓地出土
入 2006 年

西周 兽面纹四足带盖盉

No 1401062180001700011238
藏 山西省考古研究所
原 skh4280 大河口墓地 M1：270
级 一级
类 铜器
代 西周
cm 通长 21.5，通高 24.8
源 2008 年山西省翼城县大河口墓地出土
入 2008 年

西周 鸟形盉

No

藏 山西省考古研究所

原 大河口墓地 M2002：23

级 一级

类 铜器

代 西周

cm 通高 35.2，流到尾长 37

源 2010 年山西省翼城县大河口墓地出土

入 2010 年

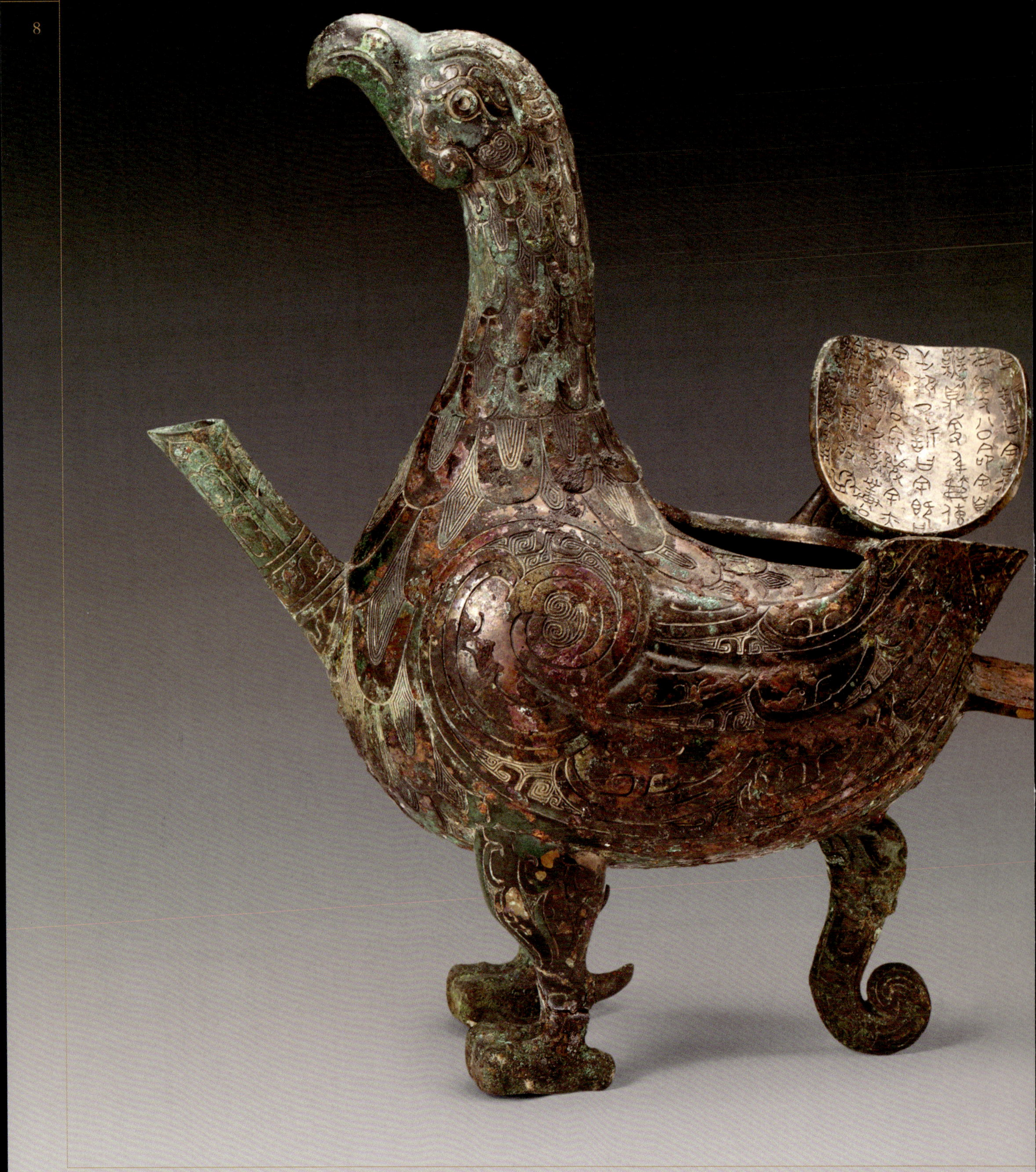

西周 回首龙纹三足盆

No 1401062180001700011193
藏 山西省考古研究所
原 skh4377 大河口墓地 M2067：72
级 一级
类 铜器
代 西周
cm 高 16.8，口径 26
源 2010 年山西省翼城县大河口墓地出土
入 2010 年

西周 回首龙纹三足盆

No 140106218000170001 1219

藏 山西省考古研究所

原 skh4378 大河口墓地 M6041：83

级 一级

类 铜器

代 西周

cm 高 16.8，口径 25.5

源 2011 年山西省翼城县大河口墓地出土

入 2011 年

西周“倗伯”盆

No

藏 山西省考古研究所

原 大河口墓地 M1017∶26

级 一级

类 铜器

代 西周

cm 通高 12.5，口径 19.8，底径 13

源 2010 年山西省翼城县大河口墓地出土

入 2010 年

西周“霸伯”盂

No

藏 山西省考古研究所

原 大河口墓地 M1017：6

级 一级

类 铜器

代 西周

cm 通高 34.2，口径 39.5

源 2010 年山西省翼城县大河口墓地出土

入 2010 年

西周 兽面纹铙

No 14010621800017000109995

藏 山西省考古研究所

原 skh4239 大河口墓地 M1：22

级 一级

类 铜器

代 西周

cm 长 16.9，宽 12，高 20.8

源 2008 年山西省翼城县大河口墓地出土

入 2008 年

西周 兽面纹铙

No 14010621800017000010990

藏 山西省考古研究所

原 skh4247 大河口墓地 M1：69

级 一级

类 铜器

代 西周

cm 长 14.8，宽 10.6，高 18.7

源 2008 年山西省翼城县大河口墓地出土

入 2008 年

西周 兽面纹铙

- No 1401062180001700010980
- 藏 山西省考古研究所
- 原 skh4253 大河口墓地 M1：85
- 级 一级
- 类 铜器
- 代 西周
- cm 长 12.3，宽 9，高 15.8
- 源 2008 年山西省翼城县大河口墓地出土
- 入 2008 年

西周 斜角云纹甬钟

No

藏 山西省考古研究所

原 skh10639 曲村邦墓 M7092：32

级 一级

类 铜器

代 西周

cm 长 15.2，宽 10.6，高 29.3

源 1982 年山西省曲沃县曲村－天马遗址出土

入 1982 年

西周 甬钟

山西省绛县横水墓地 M1011 出土

西周 云雷纹甬钟

No 1401062180001700017523
藏 山西省考古研究所
原 skh7192 横水墓地 M1011：66
级 一级
类 铜器
代 西周
cm 长 22.7，宽 22.4，高 43
源 2006 年山西省绛县横水墓地出土
入 2006 年

西周 云雷纹甬钟

No 1401062180001700017659
藏 山西省考古研究所
原 skh7193 横水墓地 M1011：67
级 一级
类 铜器
代 西周
cm 长 18.6，宽 23.4，高 42
源 2006 年山西省绛县横水墓地出土
入 2006 年

西周 云纹甬钟

No 140106218000170001760
藏 山西省考古研究所
原 skh7194 横水墓地 M1011：68
级 一级
类 铜器
代 西周
cm 长 13，宽 10.1，高 26.1
源 2006 年山西省绛县横水墓地出土
入 2006 年

西周 云纹甬钟

- No 1401062180001700017441
- 藏 山西省考古研究所
- 原 skh7195 横水墓地 M1011：69
- 级 一级
- 类 铜器
- 代 西周
- cm 长 21.5，宽 17.6，高 37
- 源 2006 年山西省绛县横水墓地出土
- 入 2006 年

西周 绹索状干甬钟

- No 1401062180001700017653
- 藏 山西省考古研究所
- 原 skh7196 横水墓地 M1011：70
- 级 一级
- 类 铜器
- 代 西周
- cm 长 10，宽 8.2，高 20.5
- 源 2006 年山西省绛县横水墓地出土
- 入 2006 年

西周 云纹甬钟

- No 1401062180001700017569
- 藏 山西省考古研究所
- 原 skh7197 横水墓地 M1011：71
- 级 一级
- 类 铜器
- 代 西周
- cm 长 11.2，宽 10，高 23
- 源 2006 年山西省绛县横水墓地出土
- 入 2006 年

西周 云雷纹甬钟

No 14010621800017000 17635
藏 山西省考古研究所
原 skh7198 横水墓地 M1011：72
级 一级
类 铜器
代 西周
cm 长 22.3，宽 20.7，高 41.8
源 2006 年山西省绛县横水墓地出土
入 2006 年

西周 甬钟

山西省绛县横水墓地 M2 出土

西周 云纹甬钟

No 14010621800017000048376
藏 山西省考古研究所
原 横水墓地 M2：67
级 一级
类 铜器
代 西周
cm 长 12，宽 8.5，高 23
源 2005 年山西省绛县横水墓地出土
入 2005 年

西周 云纹甬钟

No 14010621800017000049116
藏 山西省考古研究所
原 横水墓地 M2：68
级 一级
类 铜器
代 西周
cm 长 9.3，宽 6.3，高 18
源 2005 年山西省绛县横水墓地出土
入 2005 年

西周 云纹甬钟

No 1401062180001700049133
藏 山西省考古研究所
原 横水墓地 M2：69
级 一级
类 铜器
代 西周
cm 长 13.2，宽 9.3，高 24.3
源 2005 年山西省绛县横水墓地出土
入 2005 年

西周 云纹甬钟

No 14010621800017000049363

藏 山西省考古研究所

原 横水墓地 M2：70

级 一级

类 铜器

代 西周

cm 长 14.7，宽 12，高 28.5

源 2005 年山西省绛县横水墓地出土

入 2005 年

西周 云纹甬钟

No 1401062180001700048409
藏 山西省考古研究所
原 横水墓地 M2：71
级 一级
类 铜器
代 西周
cm 长 13.8，宽 11，高 27.1
源 2005 年山西省绛县横水墓地出土
入 2005 年

西周 编钟

山西省翼城县大河口墓地 M1017 出土

西周 细乳钉界格编钟

No 14010621800017000011297
藏 山西省考古研究所
原 skh4387 大河口墓地 M1017 : 15
级 一级
类 铜器
代 西周
cm 长 20.5，宽 16.9，高 37.7
源 2010 年山西省翼城县大河口墓地出土
入 2010 年

西周 云纹编钟

No 1401062180001700011086
藏 山西省考古研究所
原 skh4388 大河口墓地 M1017：84
级 一级
类 铜器
代 西周
cm 长 24.6，宽 18.5，高 45.2
源 2010 年山西省翼城县大河口墓地出土
入 2010 年

西周 云纹编钟

- No 14010621800017000116O9
- 藏 山西省考古研究所
- 原 skh4389 大河口墓地 M1017：86
- 级 一级
- 类 铜器
- 代 西周
- cm 长 20.6，宽 18.4，高 40.4
- 源 2010 年山西省翼城县大河口墓地出土
- 入 2010 年

西周“楚公逆”剑

No

藏 山西省考古研究所

原 横水墓地 M2055：37

级 一级

类 铜器

代 西周

cm 长 22.5，宽 3

源 2006 年山西省绛县横水墓地出土

入 2006 年

西周 人顶盘

- No
- 藏 山西省考古研究所
- 原 大河口墓地 M1017 : 20
- 级 一级
- 类 铜器
- 代 西周
- cm 通高 13.2，耳间距 7.2，口径 6.8
- 源 2010 年山西省翼城县大河口墓地出土
- 入 2010 年

春秋 重环纹匜鼎

No
藏 山西省考古研究所
原 SK289 上郭 M7：1
级 一级
类 铜器
代 春秋
cm 通高 9.5，口径 10.3
源 1989 年山西省闻喜县上郭墓地出土
入 1989 年

春秋 垂鳞纹匜鼎

- No 14010621800017000022637
- 藏 山西省考古研究所
- 原 SKT291 上郭 M27：1
- 级 一级
- 类 铜器
- 代 春秋
- cm 通高 8，口径 9.7
- 源 1989 年山西省闻喜县上郭墓地出土
- 入 1989 年

春秋 垂鳞纹匜鼎

- No 14010621800017000022554
- 藏 山西省考古研究所
- 原 SKT293 上郭 M13：6
- 级 一级
- 类 铜器
- 代 春秋
- cm 通高 7.7，口径 9
- 源 1989 年山西省闻喜县上郭墓地出土
- 入 1989 年

春秋 重环纹匜鼎

No 1401062180001700022611
藏 山西省考古研究所
原 SKT3127 上郭 M46：9
级 一级
类 铜器
代 春秋
cm 通高 7.5，耳距 11
源 1974 年山西省闻喜县上郭墓地出土
入 1974 年

春秋 卷曲兽体纹匜鼎

No 1401062180001700022856
藏 山西省考古研究所
原 SKT3128 上郭 M48：1
级 一级
类 铜器
代 春秋
cm 通高 10.2，耳距 12.5
源 1974 年山西省闻喜县上郭墓地出土
入 1974 年

春秋 绹索纹盖鼎

No 14010621800017000035293

藏 山西省考古研究所

原 SKT3966 上郭

级 一级

类 铜器

代 春秋

cm 通高 15.6，耳距 21.2，口径 15.9

源 1988 年山西省闻喜县上郭墓地出土

入 1988 年

春秋 蟠虺纹三扁环纽盖鼎

No 1401062180001700044360
藏 山西省考古研究所
原 skh17947 上马墓地 M5：3
级 一级
类 铜器
代 春秋
cm 通高 24.3，耳距 22，口径 16.3，腹径 20
源 1962 年山西省侯马市上马墓地出土
入 1962 年

春秋 蟠螭纹喇叭形捉手盖鼎

No 1401062180001700044355
藏 山西省考古研究所
原 skh17969 上马墓地 M4006：5
级 一级
类 铜器
代 春秋
cm 通高 33，耳距 36.2，口径 28.7，腹径 31.2
源 1973 年山西省侯马市上马墓地出土
入 1973 年

春秋 蟠螭纹镂空捉手盖鼎

No 1401062180001700043132
藏 山西省考古研究所
原 skh17970 上马墓地 M2008：14
级 一级
类 铜器
代 春秋
cm 通高 32.4，口径 28.4，腹径 30.4
源 1978 年山西省侯马市上马墓地出土
入 1978 年

春秋 蟠虺纹靴形纽盖鼎

No 1401062180001700042511
藏 山西省考古研究所
原 skh17997 上马墓地 M1006：5
级 一级
类 铜器
代 春秋
cm 通高 30.6，口径 24，腹径 28.2
源 1973 年山西省侯马市上马墓地出土
入 1973 年

春秋 三角夔纹环组盖鼎

No 1401062180001700042521
藏 山西省考古研究所
原 skh17998 上马墓地 M2008：25
级 一级
类 铜器
代 春秋
cm 通高 33，耳距 33.6，口径 26.5，腹径 31.3
源 1978 年山西省侯马市上马墓地出土
入 1978 年

春秋 蟠虺纹蹄形足敦

No 14010621800017000041388
藏 山西省考古研究所
原 skh17946 上马墓地 M2148：1
级 一级
类 铜器
代 春秋
cm 通高 16.4，口径 16.8，腹径 19
源 1980 年山西省侯马市上马墓地出土
入 1980 年

春秋 绳络纹双环耳罍

No

藏 山西省考古研究所

原 skh10787 庙前墓地 58M1：5

级 一级

类 铜器

代 春秋

cm 高 28.3，耳距 33.2，口径 16，底径 14.8

源 1958 年山西省万荣县庙前遗址出土

入 1958 年

春秋 绳络纹双环耳罍

No

藏 山西省考古研究所

原 skh10788 庙前墓地 58M1：5

级 一级

类 铜器

代 春秋

cm 高 28.6，耳距 32.1，口径 15.9，底径 14.5

源 1958 年山西省万荣县庙前遗址出土

入 1958 年

春秋 蟠虺纹兽形耳鼓肩罍

No 14010621800017000044282

藏 山西省考古研究所

原 skh18039 上马墓地 M1004：11

级 一级

类 铜器

代 春秋

cm 高 26.6，耳距 36.6，口径 17.8，腹径 31，底径 17.5

源 1973 年山西省侯马市上马墓地出土

入 1973 年

春秋 镂空牛头双身蟠螭纹虎形双耳壶

No 1401062180001700022494
藏 山西省考古研究所
原 SKT2089 一电厂 M674：24
级 一级
类 铜器
代 春秋
cm 通高 50.6，口径 17.2，腹径 30.4
源 1994 年山西省太原市金胜村出土
入 1994 年

春秋 虎头匜

No 140106218000170002279

藏 山西省考古研究所

原 SKT296 上郭 M33：2

级 一级

类 铜器

代 春秋

cm 通长 14.4，通宽 5.6，通高 6.6

源 1989 年山西省闻喜县上郭墓地出土

入 1989 年

春秋 窃曲纹四足匜

No 1401062180001700044175

藏 山西省考古研究所

原 skh17939 上马墓地 M4078：6

级 一级

类 铜器

代 春秋

cm 通长 31.3，通宽 14.2，通高 16.4

源 1973 年山西省侯马市上马墓地出土

入 1973 年

春秋 蟠虺纹兽蹄足匜

No 14010621800017000424O4
藏 山西省考古研究所
原 skh18008 上马墓地 M1004：12
级 一级
类 铜器
代 春秋
cm 通高 13，通宽 18.2，通长 26.8
源 1973 年山西省侯马市上马墓地出土
入 1973 年

春秋“吴王夫差”鉴

- No
- 藏 山西省考古研究所
- 原 SK3690 一电厂 M673：1
- 级 一级
- 类 铜器
- 代 春秋
- cm 通高 38.5，口径 62.7
- 源 1994 年山西省太原市金胜村出土
- 入 1994 年

春秋 蟠螭纹四耳鉴

No 1401062180001700044337
藏 山西省考古研究所
原 skh18042 上马墓地 M13：13
级 一级
类 铜器
代 春秋
cm 高 50，口径 79.8，底径 36.5
源 1961 年山西省侯马市上马墓地出土
入 1961 年

春秋 兽面纹八棱甬钟

No

藏 山西省考古研究所

原 skh10789 庙前贾家崖 61 :采

级 一级

类 铜器

代 春秋

cm 长 40.2，宽 31.1，高 78

源 1961 年山西省万荣县庙前遗址采集

入 1961 年

春秋 蟠螭纹编钟

- No 14010621800017000022756
- 藏 山西省考古研究所
- 原 SKT2518-7
- 级 一级
- 类 铜器
- 代 春秋
- cm 高 16.9，于直径 6.9~9.4
- 源 1978 年山西省闻喜县上郭墓地出土
- 入 1978 年

春秋 蟠螭纹编钟

- No 14010621800017000022761
- 藏 山西省考古研究所
- 原 SKT2518-8
- 级 一级
- 类 铜器
- 代 春秋
- cm 高 16.9，于直径 6.8~9.4
- 源 1978 年山西省闻喜县上郭墓地出土
- 入 1978 年

春秋 蟠螭纹编钟

- No 14010621800017000022849
- 藏 山西省考古研究所
- 原 SKT2518-9
- 级 一级
- 类 铜器
- 代 春秋
- cm 高 15.5，于直径 5.8~8.3
- 源 1978 年山西省闻喜县上郭墓地出土
- 入 1978 年

春秋 蟠螭纹编钟

山西省闻喜县上郭墓地出土(SKT2519)

春秋 蟠虺纹编钟

No 140106218000170002214 6
藏 山西省考古研究所
原 SKT2519-1
级 一级
类 铜器
代 春秋
cm 高 23.5，于直径 10.2~14.4
源 1978 年山西省闻喜县上郭墓地出土
入 1978 年

春秋 蟠虺纹编钟

No 14010621800017000226 19
藏 山西省考古研究所
原 SKT2519-2
级 一级
类 铜器
代 春秋
cm 高 21.5，于直径 9.4~13.3
源 1978 年山西省闻喜县上郭墓地出土
入 1978 年

春秋 蟠虺纹编钟

- No 14010621800017000222245
- 藏 山西省考古研究所
- 原 SKT2519-3
- 级 一级
- 类 铜器
- 代 春秋
- cm 高 19.9，于直径 10~12.2
- 源 1978 年山西省闻喜县上郭墓地出土
- 入 1978 年

春秋 蟠虺纹编钟

- No 14010621800017000222159
- 藏 山西省考古研究所
- 原 SKT2519-4
- 级 一级
- 类 铜器
- 代 春秋
- cm 高 18.9，于直径 8.2~11.4
- 源 1978 年山西省闻喜县上郭墓地出土
- 入 1978 年

春秋 蟠虺纹编钟

No 1401062180001700022771
藏 山西省考古研究所
原 SKT2519-5
级 一级
类 铜器
代 春秋
cm 高 17.1，于直径 8~10.8
源 1978 年山西省闻喜县上郭墓地出土
入 1978 年

春秋 蟠虺纹编钟

No 1401062180001700022260
藏 山西省考古研究所
原 SKT2519-6
级 一级
类 铜器
代 春秋
cm 高 15.9，于直径 7.4~10.2
源 1978 年山西省闻喜县上郭墓地出土
入 1978 年

春秋 蟠虺纹编钟

No 14010621800017000022674
藏 山西省考古研究所
原 SKT2519-7
级 一级
类 铜器
代 春秋
cm 高 14.2，于直径 6.7~8.9
源 1978 年山西省闻喜县上郭墓地出土
入 1978 年

春秋 蟠虺纹编钟

No 14010621800017000022215
藏 山西省考古研究所
原 SKT2519-8
级 一级
类 铜器
代 春秋
cm 高 13.2，于直径 5.8~8.2
源 1978 年山西省闻喜县上郭墓地出土
入 1978 年

春秋 蟠虺纹编钟

No 14010621800017000022485
藏 山西省考古研究所
原 SKT2519-9
级 一级
类 铜器
代 春秋
cm 高 12.1，于直径 5.5~7.7
源 1978 年山西省闻喜县上郭墓地出土
入 1978 年

春秋 夔凤纽编镈

山西省太原市金胜村出土（SKT2197）

春秋 夔凤组编镈

No 1401062180001700022837
藏 山西省考古研究所
原 SKT2197-1
级 一级
类 铜器
代 春秋
cm 高 29，于直径 14~18.7
源 1994 年山西省太原市金胜村出土
入 1994 年

春秋 夔凤纽编镈

No 14010621800017000222223

藏 山西省考古研究所

原 SKT2197-2

级 一级

类 铜器

代 春秋

cm 高 22.7，于直径 10.6~13.9

源 1994 年山西省太原市金胜村出土

入 1994 年

春秋 夔凤纽编镈

- No 1401062180001700022686
- 藏 山西省考古研究所
- 原 SKT2197-3
- 级 一级
- 类 铜器
- 代 春秋
- cm 高 20.5，于直径 10.3~13.2
- 源 1994 年山西省太原市金胜村出土
- 入 1994 年

春秋 夔凤纽编镈

- No 1401062180001700022140
- 藏 山西省考古研究所
- 原 SKT2197-4
- 级 一级
- 类 铜器
- 代 春秋
- cm 高 19.7，于直径 9.5~12.2
- 源 1994 年山西省太原市金胜村出土
- 入 1994 年

春秋 夔凤纽编镈

No 1401062180001700022703
藏 山西省考古研究所
原 SKT2197-5
级 一级
类 铜器
代 春秋
cm 高 16，于直径 7.7~10.2
源 1994 年山西省太原市金胜村出土
入 1994 年

春秋 夔凤纽编镈

No 1401062180001700022655
藏 山西省考古研究所
原 SKT2197-6
级 一级
类 铜器
代 春秋
cm 高 14.7，于直径 7.1~9.4
源 1994 年山西省太原市金胜村出土
入 1994 年

春秋 夔凤纽编镈

No 14010621800017000226651
藏 山西省考古研究所
原 SKT2197-7
级 一级
类 铜器
代 春秋
cm 高 13.8，于直径 6.5~8.6
源 1994 年山西省太原市金胜村出土
入 1994 年

春秋 夔凤纽编镈

No 14010621800017000226401
藏 山西省考古研究所
原 SKT2197-8
级 一级
类 铜器
代 春秋
cm 高 12.2，于直径 5.9~7.7
源 1994 年山西省太原市金胜村出土
入 1994 年

春秋 夔凤纽编镈

- No 1401062180001700022681
- 藏 山西省考古研究所
- 原 SKT2197-9
- 级 一级
- 类 铜器
- 代 春秋
- cm 高 11.3，于直径 5.7~7
- 源 1994 年山西省太原市金胜村出土
- 入 1994 年

春秋 夔凤纽编镈

- No 1401062180001700022129
- 藏 山西省考古研究所
- 原 SKT2197-10
- 级 一级
- 类 铜器
- 代 春秋
- cm 高 10.8，于直径 5.3~6.8
- 源 1994 年山西省太原市金胜村出土
- 入 1994 年

春秋 蟠虺纹双虎纽镈

山西省侯马市上马墓地 M1004 出土

春秋 蟠虺纹双虎纽镈

No 1401062180001700041512
藏 山西省考古研究所
原 skh17983 上马墓地 M1004：1
级 一级
类 铜器
代 春秋
cm 长 23.8，宽 16.6，高 32
源 1973 年山西省侯马市上马墓地出土
入 1973 年

春秋 蟠虺纹双虎纽镈

No 1401062180001700044278
藏 山西省考古研究所
原 skh17984 上马墓地 M1004：2
级 一级
类 铜器
代 春秋
cm 长 21.5，宽 27.7，高 29.8
源 1973 年山西省侯马市上马墓地出土
入 1973 年

春秋 蟠虺纹双虎纽镈

No 14010621800017000431O6
藏 山西省考古研究所
原 skh17985 上马墓地 M1004：3
级 一级
类 铜器
代 春秋
cm 长 20.7，宽 15.4，高 28.2
源 1973 年山西省侯马市上马墓地出土
入 1973 年

春秋 蟠虺纹双虎纽镈

No 14010621800017000044271

藏 山西省考古研究所

原 skh17986 上马墓地 M1004：4

级 一级

类 铜器

代 春秋

cm 长 20.3，宽 13.9，高 26.3

源 1973 年山西省侯马市上马墓地出土

入 1973 年

春秋 蟠虺纹双虎纽镈

No 14010621800017000042517
藏 山西省考古研究所
原 skh17987 上马墓地 M1004：5
级 一级
类 铜器
代 春秋
cm 长 17.9，宽 13.4，高 24.9
源 1973 年山西省侯马市上马墓地出土
入 1973 年

春秋 蟠虺纹双虎纽镈

No 14010621800017000433433

藏 山西省考古研究所

原 skh17988 上马墓地 M1004：6

级 一级

类 铜器

代 春秋

cm 长 16.4，宽 12.7，高 24.1

源 1973 年山西省侯马市上马墓地出土

入 1973 年

春秋 蟠虺纹双虎纽镈

No 1401062180001700043286

藏 山西省考古研究所

原 skh17989 上马墓地 M1004：7

级 一级

类 铜器

代 春秋

cm 长 15.7，宽 12.1，高 21

源 1973 年山西省侯马市上马墓地出土

入 1973 年

春秋 蟠虺纹双虎纽镈

No 14010621800017000044330
藏 山西省考古研究所
原 skh17990 上马墓地 M1004：8
级 一级
类 铜器
代 春秋
cm 长 14.1，宽 11，高 20
源 1973 年山西省侯马市上马墓地出土
入 1973 年

春秋 蟠虺纹双虎纽镈

No 14010621800017000042574
藏 山西省考古研究所
原 skh17991 上马墓地 M1004：9
级 一级
类 铜器
代 春秋
cm 长 10.8，宽 9.2，高 16.8
源 1973 年山西省侯马市上马墓地出土
入 1973 年

战国 球形腹盖鼎

No 1401062180001700022740

藏 山西省考古研究所

原 SKT707 后河 M19：11

级 一级

类 铜器

代 战国

cm 通高 18，口径 15.5

源 1994 年山西省长治市屯留区后河墓地出土

入 1994 年

战国 蟠虺纹三扁环纽盖鼎

No 1401062180001700042768
藏 山西省考古研究所
原 skh17941 上马墓地 M1002：7
级 一级
类 铜器
代 战国
cm 通高 18.7，口径 16.4，腹径 10.9
源 1978 年山西省侯马市上马墓地出土
入 1978 年

战国 雷纹三扁环纽盖鼎

No 14010621800017000042595

藏 山西省考古研究所

原 skh17943 上马墓地 M5218：12

级 一级

类 铜器

代 战国

cm 通高 20.7，耳距 24.7，口径 18.4，腹径 20.8

源 1973 年山西省侯马市上马墓地出土

入 1973 年

战国 勾连云纹兽面铺首衔环甗

No 1401062180001700042310
藏 山西省考古研究所
原 skh17977 上马墓地 M5218：11
级 一级
类 铜器
代 战国
cm 通高35.6，口径15.2，腹深15.8，耳高3.4
源 1973年山西省侯马市上马墓地出土
入 1973年

战国 蟠虺纹分体甗

No 14010621800017000433316

藏 山西省考古研究所

原 skh18041 上马墓地 M15：13

级 一级

类 铜器

代 战国

cm 通高 38.1，口径 12.4，腹深 12.8

源 1963 年山西省侯马市上马墓地出土

入 1963 年

战国 蟠虺纹覆斗状盖豆

No 1401062180001700044340
藏 山西省考古研究所
原 skh17923 上马墓地 M1002：4
级 一级
类 铜器
代 战国
cm 通高 19.9，耳距 20.6，口径 16.4，腹径 17.5，底径 9.3
源 1978 年山西省侯马市上马墓地出土
入 1978 年

战国 蟠虺纹敛口舟

No 1401062180001700043240
藏 山西省考古研究所
原 skh17931 上马墓地 M1002：5
级 一级
类 铜器
代 战国
cm 高 7.3，耳距 15.7，口长径 13，口短径 12
源 1978 年山西省侯马市上马墓地出土
入 1978 年

战国 虎梁凤流朏龙纹盉

No 1401062180001700022515
藏 山西省考古研究所
原 SKT708 后河 M19：7
级 一级
类 铜器
代 战国
cm 通高 25，口径 10.3
源 1994 年山西省长治市屯留区后河墓地出土
入 1994 年

战国 蟠虺纹双虎纽镈

No 1401062180001700044353
藏 山西省考古研究所
原 skh17982 上马墓地 M5218：20
级 一级
类 铜器
代 战国
cm 长 19，宽 13.9，高 31
源 1973 年山西省侯马市上马墓地出土
入 1973 年

战国 错银卷云纹戈

No 1401062180001700022555

藏 山西省考古研究所

原 SKT875 后河 M19：6

级 一级

类 铜器

代 战国

cm 宽 14.2，援 – 内长 25.5

源 1994 年山西省长治市屯留区后河墓地出土

入 1994 年

战国 错银卷云纹弩机

No 1401062180001700022503
藏 山西省考古研究所
原 SKT714 后河 M19：3
级 一级
类 铜器
代 战国
cm 长 22.5，宽 17.3，厚 3.8
源 1994 年山西省长治市屯留区后河墓地出土
入 1994 年

战国 错银朱雀纹车軎

No 1401062180001700022520
藏 山西省考古研究所
原 SKT709 后河 M19：1
级 一级
类 铜器
代 战国
cm 长 12，口径 2.3~3.4
源 1994 年山西省长治市屯留区后河墓地出土
入 1994 年

战国 错金卷云纹兽首琵琶形带钩

No 1401062180001700022712

藏 山西省考古研究所

原 SKT712 后河 M19：4

级 一级

类 铜器

代 战国

cm 长 11.9，宽 1.9

源 1994 年山西省长治市屯留区后河墓地出土

入 1994 年

战国 错银卷云纹兽首琵琶形带钩

No 1401062180001700022543
藏 山西省考古研究所
原 SKT713 后河 M19：5
级 一级
类 铜器
代 战国
cm 长 14.2，宽 1.3
源 1994 年山西省长治市屯留区后河墓地出土
入 1994 年